Les tabous des sociétés

"Vers un monde sans frontières : naviguer dans les tabous de nos sociétés"

Mackendy Bouquet & Theronome Mombrun

Les tabous des sociétés

Mombrun Theronome

Published by Mackendy Bouquet, 2023.

While every precaution has been taken in the preparation of this book, the publisher assumes no responsibility for errors or omissions, or for damages resulting from the use of the information contained herein.

LES TABOUS DES SOCIÉTÉS

First edition. November 4, 2023.

ISBN: 979-8223170365

Written by Mombrun Theronome.

Also by Mombrun Theronome

Les tabous des sociétés

Comment connaître les femmes

Entre la beauté de la jeunesse Et la fraiyeur du vieillissement:
L'alimentation comme clé de la vitalité

Les Complexités de la Tromprie dans les relations HOMME -
FEMME

À la Rencontre des Conquérants des Records Sportifs

Table des Matières

Table de matière

Conclusion : Réflexions sur les tabous des sociétés Perspectives sur l'avenir des tabous sociaux

Introduction

Dans chaque société, nous trouvons des normes et des valeurs profondément ancrées qui guident nos comportements et nos interactions sociales. Cependant, au-delà de ces règles apparentes, se cachent des sujets sensibles, des sujets que l'on évite de discuter ouvertement, des sujets entourés de mystère et de silence. Ce sont les tabous des sociétés, ces interdits tacites qui suscitent à la fois fascination et appréhension.

Bienvenue dans un voyage au cœur des tabous qui façonnent nos cultures, nos croyances et nos relations humaines. Ce livre, intitulé "Les Tabous des Sociétés", se propose d'explorer ces territoires délicats et souvent controversés pour mieux comprendre leur impact sur nos vies individuelles et collectives.

En ces pages, nous nous aventurerons dans les dédales de la pensée humaine, scrutant les interdits qui se sont transmis de génération en génération, évoluant avec le temps et les sociétés. Des tabous culturels aux tabous religieux, des tabous politiques aux tabous liés à la santé et au corps, nous explorerons la diversité de ces sujets tabous qui colorent notre monde.

Notre quête ira au-delà de l'observation superficielle des tabous pour comprendre leur rôle dans le maintien de l'ordre social et la préservation de l'identité culturelle. Nous examinerons également les effets moins évidents, mais tout aussi significatifs, qu'ils peuvent avoir sur l'individu et la société dans son ensemble.

L'évolution de la société et les progrès technologiques ont donné naissance à de nouveaux tabous et ont remis en question d'anciens interdits. Nous nous pencherons sur les mécanismes de changement et de résistance qui entourent ces tabous en constante transformation.

En analysant ces sujets délicats, nous visons à encourager une réflexion approfondie sur la nature humaine et la construction de nos sociétés. En brisant le silence qui entoure ces sujets, nous espérons promouvoir un dialogue ouvert et constructif, car l'examen des tabous peut contribuer à l'épanouissement personnel et à l'enrichissement collectif.

Cependant, aborder les tabous nécessite une délicatesse particulière, car ils touchent souvent à des questions d'identité, de morale et de croyance. C'est pourquoi, tout au long de cet ouvrage, nous nous efforcerons d'aborder ces sujets avec respect, nuance et rigueur intellectuelle.

Notre bouquin intitulé "Les Tabous des Sociétés" est une invitation à un voyage intellectuel fascinant, nous allons plonger au cœur de ces tabous sociaux, explorer leur origine et leur évolution à travers les âges, tout en scrutant leur impact sur nos vies. Nous allons regarder au-delà de la surface, mêlant les perspectives de la psychologie, de la sociologie, de l'anthropologie et d'autres disciplines pour révéler les mécanismes psychologiques et sociaux qui sous-tendent ces interdictions et ces normes non dites.

à la découverte des zones d'ombre de notre existence commune. En explorant ces terrains sensibles, nous aspirons à élargir nos horizons, à susciter le questionnement et à cultiver une vision éclairée de notre monde complexe et diversifié.

Prêts à briser les barrières de l'interdit ? Alors, embarquons ensemble dans cette quête passionnante à la découverte des tabous qui façonnent nos sociétés.

Chapitre 1 : Introduction aux tabous sociaux

- ### Qu'est-ce qu'un tabou ?

Les tabous, en tant qu'éléments fondamentaux des sociétés humaines, sont des sujets ou des comportements considérés comme sacrés, interdits, ou simplement inacceptables dans une culture donnée. Ils constituent un réseau complexe de normes sociales non écrites qui exercent une influence puissante sur les interactions et les choix individuels et collectifs.

Les tabous peuvent revêtir différentes formes, allant des interdits religieux profondément enracinés aux coutumes culturelles établies depuis des siècles. Ils peuvent toucher des domaines variés tels que l'alimentation, la sexualité, la santé, la politique, la famille, la mort, et bien plus encore. Leur portée peut varier considérablement d'une société à une autre, créant ainsi une mosaïque d'interdits qui reflètent la diversité des cultures à travers le monde.

Ces normes taboues sont souvent transmises de génération en génération, renforçant ainsi l'identité culturelle et les valeurs d'une société. Elles sont enseignées aux enfants dès leur plus jeune âge et peuvent être intériorisées au point de devenir une part essentielle de leur identité et de leur conscience sociale.

Un aspect intrigant des tabous est leur dimension émotionnelle. Ils peuvent engendrer des sentiments d'embarras, de honte ou de culpabilité lorsqu'ils sont transgressés, tandis que leur respect peut générer un sentiment de fierté et d'appartenance. Les tabous peuvent ainsi exercer une pression sociale puissante, influençant les choix individuels et orientant le comportement des membres d'une société.

Alors que certains tabous restent inchangés pendant des siècles, d'autres évoluent au fil du temps. Les progrès sociaux, les avancées technologiques et les changements culturels peuvent entraîner des remises en question des anciens interdits et l'émergence de nouveaux tabous, reflétant ainsi les préoccupations et les valeurs changeantes d'une société en constante évolution.

Dans le chapitre suivant, nous explorerons l'importance des tabous dans les sociétés, en examinant comment ces interdits sociaux contribuent à façonner l'identité collective et à maintenir l'équilibre entre tradition et changement.

- **L'importance des tabous dans les sociétés**

Les tabous jouent un rôle essentiel dans le fonctionnement des sociétés humaines, agissant comme des piliers de stabilité et de cohésion sociale. Leur présence et leur respect contribuent à maintenir l'ordre et l'harmonie au sein d'une communauté, en définissant les limites acceptables des comportements individuels et collectifs. Examinons l'importance de ces interdits sociaux et leur impact sur divers aspects de la vie en société.

Préservation de l'identité culturelle

Les tabous sont des gardiens de l'identité culturelle d'une société. En interdisant certains comportements ou pratiques, ils contribuent à préserver les valeurs fondamentales, les traditions et les croyances qui définissent cette communauté. Les tabous culturels transmis de génération en génération renforcent ainsi les liens entre les membres d'une société et leur patrimoine commun.

Maintien de l'ordre social

Dans toute société, l'existence de règles non écrites, comme les tabous, permet de réguler les comportements individuels et collectifs. Ces normes sociales agissent comme des balises morales, aidant à définir ce qui est considéré comme acceptable ou inacceptable. Le respect des tabous peut renforcer la cohésion sociale en favorisant le respect des autres et en évitant les conflits potentiels.

Prévention des comportements dangereux ou nuisibles

Certains tabous sont liés à des sujets de santé publique ou de sécurité. Ils peuvent être conçus pour décourager des comportements jugés dangereux ou nuisibles pour l'individu ou la communauté. Par exemple, les tabous entourant certaines substances addictives ou les pratiques à risque peuvent contribuer à préserver la santé et le bien-être des membres de la société.

Construction de l'identité individuelle

Les tabous ne façonnent pas seulement l'identité collective, mais aussi l'identité individuelle. Ils peuvent influencer la perception que chaque individu a de lui-même, en déterminant ce qu'il accepte comme partie intégrante de son identité et ce qu'il rejette comme étant en violation des normes établies. Ainsi, les tabous peuvent jouer un rôle crucial dans la formation de l'estime de soi et de la conscience morale de chaque individu.

Équilibre entre tradition et changement

Les tabous peuvent également être le reflet des tensions entre la préservation des traditions et l'acceptation du changement. Certaines normes taboues peuvent empêcher une société de s'ouvrir à de nouvelles idées ou de remettre en question des pratiques dépassées. D'un autre côté, de nouveaux tabous peuvent émerger en réponse aux changements sociaux, servant de remparts contre des influences indésirables ou destructrices.

En somme, les tabous des sociétés sont bien plus que de simples règles non écrites. Ils jouent un rôle complexe dans la préservation de la culture, l'harmonie sociale et la construction de l'identité individuelle. Toutefois, il est également crucial de reconnaître que les tabous peuvent être sujets à une réévaluation critique afin de s'assurer qu'ils ne limitent pas indûment le progrès, la justice et l'épanouissement humain.

- **L'évolution des tabous à travers l'histoire**

Les tabous sociaux ne sont pas figés dans le temps, mais plutôt en constante évolution, s'adaptant aux changements culturels, aux avancées technologiques, et aux mouvements sociaux. L'étude de l'évolution des tabous au fil de l'histoire offre un regard fascinant sur la dynamique complexe entre la société et ses valeurs. Dans cette section, nous examinerons comment les tabous ont évolué au cours des époques et comment ils continuent d'influencer le présent.

Les tabous de l'Antiquité

Depuis les temps anciens, les sociétés humaines ont développé des tabous pour régir les comportements et les interactions sociales. Des tabous religieux, tels que l'interdiction de blasphémer ou de violer des lieux sacrés, étaient profondément ancrés dans les croyances et les pratiques de l'époque. Les tabous autour de la sexualité, de la mort et de l'alimentation reflétaient également les valeurs et les normes de chaque civilisation.

L'évolution des normes morales

Au fil du temps, les tabous ont été influencés par les évolutions des normes morales. Des pratiques autrefois considérées comme acceptables peuvent devenir taboues à mesure que les sociétés développent une conscience plus éthique. Par exemple, des actes tels que l'esclavage, qui étaient largement acceptés dans certaines civilisations anciennes, ont été progressivement remis en question et sont devenus des tabous moraux dans de nombreuses sociétés modernes.

Les tabous à l'ère des découvertes scientifiques

Les grandes découvertes scientifiques et les avancées technologiques ont également contribué à l'évolution des tabous. Les connaissances médicales, par exemple, ont modifié la perception de la maladie et de la mort, entraînant des changements dans les pratiques funéraires et les rituels de deuil. De même, l'avènement des médias de masse a exposé les sociétés à de nouvelles idées et a remis en question certains tabous traditionnels.

Les mouvements sociaux et l'émergence de nouveaux tabous

Les mouvements sociaux, tels que les luttes pour les droits civils, les droits des femmes et les droits LGBTQ+, ont joué un rôle majeur dans la redéfinition des tabous. En mettant l'accent sur l'égalité, la justice sociale et la reconnaissance des droits fondamentaux, ces mouvements ont remis en question les tabous discriminatoires et exclusifs, ouvrant la voie à des changements significatifs dans les normes sociales.

Les tabous à l'ère de la mondialisation

La mondialisation a profondément influencé les tabous des sociétés. L'interaction croissante entre les cultures a entraîné la diffusion de nouvelles idées, de nouvelles pratiques et de nouveaux tabous à l'échelle mondiale. Certains tabous culturels sont confrontés à des défis de diversité culturelle, tandis que de nouveaux tabous émergent en réponse aux défis de la mondialisation, tels que les enjeux environnementaux et les questions liées à la technologie.

En explorant l'évolution des tabous à travers les âges, nous réalisons que ces interdits sociaux ne sont pas des concepts figés, mais des produits dynamiques de l'interaction entre les valeurs culturelles, les avancées sociales et les changements historiques. Comprendre cette évolution nous permet de mieux appréhender les tabous contemporains et de réfléchir aux défis futurs auxquels les sociétés seront confrontées dans la préservation de leur identité tout en favorisant un progrès éclairé.

À l'ère de la mondialisation, le concept de tabous revêt une importance particulière. Les tabous, ces normes sociales implicites et les sujets sensibles qui sont souvent évités ou discutés en chuchotant, sont omniprésents dans toutes les sociétés, à travers toutes les époques. Cependant, à l'ère de la mondialisation, les barrières géographiques s'effacent, les sociétés interagissent à une échelle sans précédent, et les informations circulent à une vitesse vertigineuse. Cette dynamique mondiale a profondément influencé la nature des tabous, leur émergence, leur diffusion, et leurs impacts sur les sociétés respectives.

Évolution des normes sociales : La mondialisation a entraîné une convergence culturelle où les normes sociales traditionnelles sont remises en question et, dans de nombreux cas, modifiées. Comprendre comment les tabous évoluent à travers les sociétés est essentiel pour saisir les dynamiques en constante évolution des valeurs humaines.

Impact sur la communication : Avec la connectivité mondiale, la communication est devenue plus accessible que jamais. Cela signifie que les tabous sont confrontés à une exposition mondiale, ce qui peut avoir un impact significatif sur la manière dont les idées sont partagées et reçues.

Répercussions sur les droits de l'homme : Certains tabous sont étroitement liés aux droits de l'homme, tels que les droits des femmes, des minorités et des groupes marginalisés. Identifier et remettre en question ces tabous est essentiel pour promouvoir l'égalité et la justice.

Rôle dans la diplomatie et la politique internationale : Les tabous peuvent avoir un impact sur les relations internationales. Comprendre les tabous entre différentes cultures est crucial pour promouvoir la paix et la compréhension entre les nations.

Médias sociaux et désinformation : À l'ère de la mondialisation, les médias sociaux ont joué un rôle majeur dans la diffusion de désinformations et de controverses. Les tabous en ligne ont des implications directes sur la manière dont les informations sont manipulées et partagées.

Ce sujet explore les tabous à travers l'histoire et leur adaptation à l'ère de la mondialisation. En analysant des exemples spécifiques et leurs impacts, nous sommes en mesure de mieux comprendre comment les tabous influencent les sociétés, les cultures et les individus à l'échelle mondiale. Cette compréhension est essentielle pour promouvoir un dialogue constructif, défier les préjugés et favoriser un monde plus inclusif.

Puisque notre objectif est de mettre en lumière des exemples historiques de tabous, de les examiner à travers différentes époques et de comprendre comment ces tabous ont façonné et influencé les sociétés respectives. En analysant ces exemples, nous cherchons à explorer comment les tabous ont affecté les normes sociales, les droits de l'homme, la communication interculturelle, ainsi que leur adaptation à l'ère de la mondialisation. Cette analyse permettra de mieux cerner l'importance de la remise en question des tabous et de leur impact sur la dynamique globale de la société à travers l'histoire et dans le contexte actuel de la mondialisation.

Voici quelques exemples historiques de tabous à travers différentes époques et comment ils ont façonné et influencé les sociétés respectives.

Période médiévale : L'Inquisition et les tabous religieux

À l'époque médiévale, l'Église catholique avait un pouvoir immense en Europe. L'Inquisition était un exemple marquant de l'application stricte des tabous religieux. Les personnes soupçonnées d'hérésie étaient persécutées, souvent brûlées sur le bûcher.

Impact : Les tabous religieux maintenaient le contrôle ecclésiastique sur la pensée et la spiritualité, restreignant la liberté d'expression et influençant la vie quotidienne des gens.

Époque victorienne : Les tabous liés à la sexualité

À l'époque victorienne, la discussion de la sexualité était largement considérée comme indécente. Les discussions sur la sexualité, la contraception et les relations hors mariage étaient taboues.

Impact : Les tabous sur la sexualité ont renforcé des normes strictes de moralité, mais ont également limité la compréhension et la discussion des besoins sexuels, ce qui a eu des implications sur les droits des femmes et la vie intime des individus.

20e siècle : Les tabous autour de la race et de la ségrégation

Aux États-Unis, les tabous liés à la race et à la ségrégation étaient prédominants pendant une grande partie du 20e siècle. Les discussions sur l'égalité des droits, la ségrégation raciale et les préjugés étaient souvent évitées.

Impact : Ces tabous ont maintenu un système discriminatoire et ont conduit à des inégalités profondes en matière de droits civils et de traitement équitable.

Ces exemples illustrent comment les tabous, qu'ils soient d'ordre religieux, sexuel ou raciste, ont exercé une influence significative sur la société à différentes périodes de l'histoire. Ils ont affecté la liberté d'expression, les droits de l'homme et les normes sociales, démontrant ainsi l'importance de comprendre comment les tabous évoluent et comment ils peuvent être remis en question pour favoriser le progrès social.

Internet et médias sociaux :

L'ère de la mondialisation a apporté une révolution dans la communication, principalement grâce à Internet et aux médias sociaux. Cette révolution a eu un impact considérable sur la nature des tabous et leur diffusion à travers le monde.

Exemple : Les tabous en ligne liés à la désinformation et au harcèlement

Sur Internet et les médias sociaux, il existe des tabous liés à la désinformation, où la diffusion de fausses informations et de théories du complot est devenue préoccupante. Il y a également des tabous en ce qui concerne le harcèlement en ligne, où des individus sont ciblés et attaqués de manière malveillante.

Analyse :

Diffusion rapide des informations : Internet permet une diffusion rapide de l'information, qu'elle soit vraie ou fausse. Les tabous en ligne liés à la désinformation ont conduit à une désorientation de masse et à la polarisation de la société.

Violations des droits de l'homme : Le harcèlement en ligne peut avoir un impact dévastateur sur la santé mentale et les droits des individus. Cela soulève des questions sur la régulation et la responsabilité des plateformes en ligne.

L'essor d'Internet et des médias sociaux a transformé la manière dont les tabous se manifestent, car ils sont confrontés à une exposition mondiale instantanée. La diffusion rapide de l'information a des implications profondes sur la société et la culture, rendant essentielle la réflexion sur la manière dont ces tabous affectent notre compréhension du monde et notre interaction avec lui.

Mondialisation économique

- Exemple : Les tabous autour de l'exploitation des travailleurs dans les chaînes d'approvisionnement mondiales.

- Analyse : Impact sur les droits des travailleurs et la responsabilité des entreprises.

Un aspect essentiel de l'ère de la mondialisation concerne la mondialisation économique, où les entreprises et les chaînes d'approvisionnement s'étendent à l'échelle internationale. Cela a également engendré de nouveaux tabous et suscité des questions sur la responsabilité des entreprises et les droits des travailleurs.

Exemple : Les tabous autour de l'exploitation des travailleurs dans les chaînes d'approvisionnement mondiales

Dans un contexte de mondialisation, il existe des tabous concernant l'exploitation des travailleurs dans les pays en développement. Les conditions de travail difficiles, les salaires bas et le manque de droits des travailleurs sont des sujets sensibles, souvent évités par les entreprises et les gouvernements.

Analyse :

Impact sur les droits des travailleurs : Les tabous entourant l'exploitation des travailleurs peuvent entraîner des violations flagrantes des droits de l'homme, notamment le droit à un travail décent et la liberté syndicale. Cela a des répercussions sur la qualité de vie des travailleurs concernés.

Responsabilité des entreprises : Les entreprises qui déplacent leur production vers des régions à bas coûts peuvent être perçues comme étant complices de l'exploitation si elles ne mettent pas en place des normes éthiques et ne surveillent pas leurs chaînes d'approvisionnement. Cela soulève des questions sur la responsabilité des entreprises et l'obligation de rendre compte.

La mondialisation économique a ouvert des opportunités de croissance économique, mais elle a également soulevé des questions importantes concernant l'éthique des affaires et les droits des travailleurs. Les tabous entourant l'exploitation des travailleurs et la responsabilité des entreprises nécessitent une réflexion approfondie pour garantir que la mondialisation économique profite à toutes les parties prenantes, y compris les travailleurs dans les pays en développement.

Chapitre 2 : Tabous culturels et religieux

Au cœur de chaque société, les tabous culturels et religieux se dressent comme des gardiens des traditions, des coutumes et des croyances profondément ancrées. Ces interdits sociaux, transmis de génération en génération, exercent une influence puissante sur les comportements individuels et collectifs, façonnant ainsi l'identité culturelle des communautés à travers le temps.

Dans ce chapitre, nous nous plongerons dans l'univers complexe des tabous culturels et religieux, explorant les normes non écrites qui dictent ce qui est considéré comme acceptable ou inacceptable dans différentes sociétés. Nous aborderons les tabous alimentaires et culinaires qui reflètent l'histoire et les valeurs d'un peuple, ainsi que les tabous liés à la sexualité, dont les nuances varient considérablement d'une culture à l'autre.

De même, nous examinerons les tabous religieux qui imprègnent le tissu moral de nombreuses sociétés, influençant les pratiques rituelles, les interactions sociales et les systèmes de croyances. Nous analyserons comment ces interdits sacrés peuvent à la fois renforcer la cohésion sociale et potentiellement entraîner des tensions entre différentes communautés.

Au-delà de leur impact sur la vie quotidienne, les tabous culturels et religieux sont des témoins de l'évolution historique et des bouleversements sociaux. Nous explorerons comment certains tabous se sont adaptés aux changements culturels, tandis que d'autres ont résisté au fil du temps, préservant ainsi l'essence même d'une culture ou d'une religion.

Nous nous efforçons également de mettre en lumière les enjeux liés à ces tabous, car ils peuvent parfois susciter des débats passionnés sur les droits individuels, la diversité culturelle et la tolérance. Nous aborderons les défis que posent les tabous culturels et religieux à une société de plus en plus mondialisée, où la diversité des valeurs et des croyances peut entrer en conflit avec les normes établies.

Enfin, en explorant les tabous culturels et religieux, nous aspirons à offrir un regard éclairé sur la richesse et la complexité des traditions humaines, tout en encourageant une réflexion nuancée sur la manière dont ces interdits sociaux façonnent nos comportements et notre compréhension du monde.

- **Les tabous alimentaires et culinaires**

La nourriture, bien plus qu'une simple nécessité biologique, est un élément fondamental de l'identité culturelle et des traditions humaines. Les tabous alimentaires et culinaires, ancrés dans les sociétés du monde entier, illustrent la complexité des relations entre l'homme et son environnement, ses croyances et ses valeurs.

Les tabous liés à l'alimentation et à la cuisine, qui varient considérablement d'une culture à l'autre. Certains aliments sont érigés en symboles de pureté, de sacré ou d'interdit, tandis que d'autres sont bannis en raison de croyances ancestrales ou de considérations morales.

Exemple concret : En Inde, la vache est considérée comme sacrée dans l'hindouisme, et sa consommation est taboue. Cela découle de l'ancienne vénération des vaches en tant que symboles de la fertilité et de la vie.Données historiques : Les tabous alimentaires en Inde remontent à des milliers d'années, trouvant leurs origines dans les textes religieux anciens comme les Vedas. Ces tabous ont évolué au fil du temps et continuent d'influencer les habitudes alimentaires du pays.

Les interdits alimentaires dans les traditions religieuses

Les religions du monde entier imposent souvent des tabous alimentaires spécifiques à leurs adeptes. Par exemple, certains adeptes de l'islam observent l'interdiction de consommer du porc, tandis que dans le judaïsme, le régime casher exclut certains types d'aliments, et dans l'hindouisme, la consommation de viande de vache est souvent prohibée. Nous étudierons comment ces tabous alimentaires s'enracinent dans les textes sacrés, les rituels et la spiritualité de chaque religion, et comment ils contribuent à renforcer l'identité religieuse des fidèles.

Les tabous alimentaires culturels et régionaux

Outre les tabous religieux, les pratiques alimentaires sont profondément enracinées dans les cultures et les régions du monde. Certains aliments peuvent être considérés comme sacrés ou précieux, tandis que d'autres sont associés à des rituels spécifiques ou à des événements particuliers. Par exemple, la consommation de certains fruits ou de certains plats traditionnels peut être réservée à des célébrations spéciales ou à des périodes de l'année. Nous étudierons comment ces tabous alimentaires culturels contribuent à la préservation de la mémoire collective et à l'expression de l'identité culturelle.

Les raisons et les implications des tabous alimentaires

Comprendre les raisons derrière les tabous alimentaires est essentiel pour appréhender leur impact sur les sociétés. Certains tabous peuvent être motivés par des considérations de santé, alors que d'autres sont liés à des croyances spirituelles ou à des préoccupations environnementales. Nous analyserons les implications sociales, économiques et environnementales des tabous alimentaires et comment ils peuvent influencer les choix alimentaires des individus et des communautés.

L'évolution des tabous alimentaires

Les tabous alimentaires ne sont pas immuables, et leur évolution au fil du temps peut être fascinante à observer. Les changements socio-culturels, les échanges interculturels et les avancées scientifiques peuvent tous contribuer à la redéfinition des tabous alimentaires dans les sociétés modernes. Nous explorerons comment certains tabous s'adaptent à l'évolution des valeurs et des besoins, tandis que d'autres résistent aux influences extérieures.

En explorant les tabous alimentaires et culinaires, nous nous immergerons dans un monde de traditions, de significations symboliques et de diversité culturelle. Ces interdits sociaux autour de la nourriture révèlent la complexité des relations humaines avec leur environnement et offrent un éclairage sur la manière dont les choix alimentaires sont intrinsèquement liés à l'identité et à la culture.

- **La sexualité et les tabous sociaux**

La sexualité, l'une des dimensions les plus intimes de l'existence humaine, est souvent entourée de tabous sociaux profondément ancrés dans les cultures du monde entier. Ces tabous, qui varient considérablement d'une société à l'autre, reflètent les normes, les valeurs et les croyances autour de la sexualité et de ses manifestations.

L'examen de l'évolution des tabous liés à la sexualité révèle une transformation significative des normes et des attitudes à travers les époques et les cultures. Nous pouvons comparer les attitudes victoriennes conservatrices envers la sexualité avec les normes contemporaines plus libérales pour illustrer cette évolution.

Attitudes victoriennes envers la sexualité :

Au cours de l'ère victorienne (19e siècle), les normes sociales étaient fortement imprégnées de conservatisme en matière de sexualité. Les tabous victoriens étaient axés sur la modestie, la chasteté et la répression des désirs sexuels. Les discussions ouvertes sur la sexualité étaient considérées comme indécentes, et l'éducation sexuelle était limitée, voire inexistante. Les tabous sociaux victoriens étaient influencés par des facteurs tels que la religion, la morale et le statut social, et ils ont eu un impact sur la vie quotidienne, notamment dans la façon dont les individus étaient censés se comporter dans le mariage et à l' extérieur de celui-ci.

Normes contemporaines plus libérales :

Au 21e siècle, dans de nombreuses sociétés, nous observons une évolution majeure des attitudes envers la sexualité. Les tabous sociaux liés à la sexualité se sont assouplis de manière significative. Il y a une plus grande ouverture pour discuter de la sexualité, pour accéder à l'éducation sexuelle et à explorer des orientations et des identités sexuelles diverses. Les mouvements de libération sexuelle, l'acceptation de la diversité sexuelle et la diffusion de l'information sur Internet ont contribué à cette transformation. Les individus sont plus enclins à exprimer leurs désirs, à lutter contre la stigmatisation et à revendiquer leurs droits en matière de santé sexuelle et reproductive.

Comparaison :

La comparaison de ces deux périodes met en lumière la flexibilité des tabous sociaux en matière de sexualité et la façon dont ils sont profondément enracinés dans la culture, la religion et la société d'une époque donnée. Les attitudes victoriennes étaient dominées par la retenue et la répression, tandis que les normes contemporaines sont caractérisées par une plus grande liberté, l'acceptation de la diversité sexuelle et la reconnaissance des droits individuels en matière de sexualité. Cette évolution reflète l'influence du changement social, de l'éducation et de la lutte pour l'égalité des sexes et des droits des minorités sexuelles. Elle démontre également comment les tabous liés à la sexualité sont susceptibles de continuer à évoluer à mesure que la société change.

Analysez les tabous sociaux entourant la diversité sexuelle, y compris l'homosexualité, la bisexualité et la transidentité. Discutez de la façon dont ces tabous ont affecté les droits des personnes LGBTQ+ et ont évolué au fil du temps.

Analyse des tabous sociaux entourant la diversité sexuelle, y compris l'homosexualité, la bisexualité et la transidentité, et leur impact sur les droits des personnes LGBTQ+ :

1. Tabous liés à l'homosexualité :

Les tabous sociaux entourant l'homosexualité ont été profondément enracinés dans de nombreuses sociétés. L'homosexualité a été souvent stigmatisée, criminalisée et considérée comme immorale. Ces tabous ont eu des conséquences majeures sur les droits des personnes LGBTQ+.

Évolution : Au fil du temps, les mouvements de défense des droits des homosexuels ont contribué à lutter contre ces tabous. La décriminalisation de l'homosexualité, la reconnaissance du mariage homosexuel et les campagnes pour l'égalité des droits ont marqué des avancées significatives.

2. Tabous liés à la bisexualité :

La bisexualité a souvent été mal comprise ou ignorée, même au sein de la communauté LGBTQ+. Les personnes bisexuelles ont parfois été confrontées à des tabous sociaux, comme la biphobie, qui remettent en question la validité de leur orientation.

Évolution : La visibilité et l'acceptation des personnes bisexuelles se sont améliorées, bien que des stéréotypes subsistent. Des mouvements pour la reconnaissance de l'identité bisexuelle ont contribué à briser certains de ces tabous.

3. Tabous liés à la transidentité :

Les personnes transgenres se font souvent face à de profondes discriminations et stigmatisations. Les tabous sociaux autour de la transidentité ont créé des obstacles majeurs en matière de droits, d'accès aux soins de santé et d'inclusion.

Évolution : Les luttes pour les droits des personnes transgenres ont gagné en visibilité, avec des campagnes pour la reconnaissance légale de l'identité de genre et l'élargissement de l'accès aux soins médicaux. Cependant, les tabous et la transphobie persistante.

Impact sur les droits des personnes LGBTQ+ :

Les tabous sociaux ont longtemps été utilisés pour justifier la discrimination et la violence contre les personnes LGBTQ+. Cela a nui à leurs droits fondamentaux, tels que le droit à la non-discrimination, à la santé et au mariage.

Les progrès dans la reconnaissance des droits LGBTQ+ sont le résultat de luttes incessantes pour briser ces tabous et changer les normes sociales. Cependant, il reste encore beaucoup à faire pour garantir une pleine égalité des droits et l'acceptation totale de la diversité sexuelle.

En résumé, les tabous sociaux liés à la diversité sexuelle ont eu un impact significatif sur les droits des personnes LGBTQ+. L'évolution de ces tabous montre comment la lutte pour l'égalité et l'acceptation progresse, mais il reste des défis à surmonter pour éliminer la discrimination et la stigmatisation envers les personnes LGBTQ+ à travers le monde.

La religion et la morale ont joué un rôle majeur dans la formation de tabous autour de la sexualité à travers l'histoire. Leurs enseignements et croyances ont une influence sur la perception de la sexualité, créant des normes et des restrictions importantes. Voici comment cela s'est déroulé :

1. L'enseignement de la chasteté :

De nombreuses religions, notamment le christianisme, l'islam et le judaïsme, ont promu l'enseignement de la chasteté avant le mariage. La chasteté a été considérée comme une vertu morale, et les relations sexuelles en dehors du mariage ont été stigmatisées.

Impact : Ces enseignements religieux ont contribué à créer des tabous autour des relations sexuelles préconjugales. Ils ont influencé les comportements individuels et la manière dont la société a perçu la sexualité en général.

2. Restrictions sur l'orientation sexuelle :

Certaines religions ont condamné les relations homosexuelles et bisexuelles en considérant l'homosexualité comme un péché. Ces enseignements ont créé des tabous sociaux autour de la diversité sexuelle.

Impact : Les tabous religieux ont longtemps justifié la discrimination et la persécution des personnes LGBTQ+. Ils ont entravé l'acceptation de la diversité sexuelle dans de nombreuses cultures.

3. Contrôle de la reproduction :

Les enseignements religieux ont également une influence sur la perception de la reproduction. La contraception et l'avortement ont été souvent considérés comme contraires à la morale de certaines religions.

Impact : Cela a eu des implications pour l'accès à la contraception et aux soins de santé reproductive, et a influence les politiques gouvernementales concernant ces questions.

4. Évolution des normes morales :

Au fil du temps, les normes morales et religieuses ont évolué, en grande partie sous l'influence des mouvements de réforme, de la séparation de l'Église et de l'État, et de l'essor de la laïcité. Cela a conduit à des changements dans la perception des tabous sociaux liés à la sexualité dans de nombreuses sociétés.

5. Variations entre les religions et les cultures :

Il est important de noter que les enseignements religieux sur la sexualité varient considérablement d'une religion à l'autre et d'une culture à l'autre. Par exemple, les attitudes envers la polygamie, l'excision et d'autres pratiques liées à la sexualité différente d'une région du monde à l'autre.

En résumé, la religion et la morale ont joué un rôle central dans la formation des tabous sociaux autour de la sexualité. Leurs enseignements ontinfluence la perception de la chasteté, de la diversité sexuelle, de la reproduction et de la moralité sexuelle. Cependant, ces tabous ont évolué au fil du temps sous l'influence de facteurs sociaux, culturels et politiques, et ils varient considérablement d'une société à l'autre en fonction des croyances religieuses et des valeurs culturelles.

1. Éducation sexuelle limitée :

Les tabous sociaux ont souvent entravé une éducation sexuelle complète et précise. Les sujets liés à la sexualité sont souvent évités ou mal enseignés, ce qui peut laisser les individus mal informés.

Impact : Une éducation sexuelle inadéquate peut entraîner des comportements à risque, des problèmes de santé sexuelle et des malentendus au sein des relations.

2. Pression sociale et honte :

Les tabous sociaux peuvent engendrer de la honte et de la pression sociale autour de la sexualité. Les individus peuvent se sentir jugés ou ostracisés s'ils ne se conforment pas aux normes sexuelles prévalentes.

Impact : Cela peut entraîner une détresse psychologique, de l'anxiété, de la dépression et un mal-être psychologique.

3. Impact sur les relations :

Les tabous sociaux autour de la sexualité peuvent influencer les attentes dans les relations. Par exemple, les normes restrictives sur la virginité avant le mariage peuvent exercer une pression sur les couples.

Impact : Cela peut contribuer à des tensions relationnelles, à des conflits et à une insatisfaction personnelle.

4. Santé sexuelle et reproductive :

Les tabous sociaux peuvent décourager l'accès à des services de santé sexuelle et reproductive adéquates. Par exemple, la stigmatisation entourant la contraception ou l'avortement peut limiter l'accès à ces services.

Impact : Cela peut avoir des conséquences graves sur la santé des individus, y compris des grossesses non désirées, des infections sexuellement transmissibles et des complications médicales.

5. Influence sur la diversité sexuelle :

Les tabous sociaux peuvent être particulièrement nuisibles pour les personnes LGBTQ+. La stigmatisation de l'homosexualité ou de la transidentité peut créer des obstacles à l'acceptation de soi et à la recherche de soins de santé appropriés.

Impact : Cela peut entraîner des problèmes de santé mentale et des inégalités en matière de santé.

En somme, les tabous sociaux liés à la sexualité ont un impact profond sur la vie quotidienne des individus. Ils portent sur l'éducation sexuelle, les relations, le bien-être psychologique et la santé sexuelle et reproductive. Pour favoriser une société plus saine et inclusive, il est essentiel de remettre en question ces tabous et de promouvoir une éducation sexuelle complète, une compréhension de la diversité sexuelle et l'accès à des soins de santé sexuelle et reproductive de qualité.

Le 20e siècle a été le témoin de l'émergence de mouvements de libération sexuelle qui ont radicalement transformé les normes sociales en matière de sexualité. Ces mouvements ont contribué à remettre en question les tabous sociaux et à favoriser des discussions ouvertes sur la sexualité. Voici quelques exemples de ces mouvements :

1. Le mouvement de libération sexuelle des années 1960 :

Les années 1960 ont été marquées par un mouvement de libération sexuelle aux États-Unis et dans d'autres partis du monde occidental. Les jeunes générations ont rejeté les normes sexuelles rigides de l'époque victorienne. Le mouvement a prôné la liberté sexuelle, l'égalité des sexes et la reconnaissance des droits reproductifs.

Impact : Ce mouvement a contribué à briser les tabous sociaux autour de la sexualité en promouvant des discussions franches sur les droits reproductifs, la contraception, l'avortement et l'égalité des genres.

2. Le féminisme sex-positif :

Dans les années 1970, le féminisme sex-positif est né, soulignant l'importance de la sexualité et du plaisir sexuel dans l'émancipation des femmes. Les féministes ont remis en question les tabous sociaux qui imposaient la honte ou la répression de la sexualité féminine.

Impact : Le féminisme sex-positif a contribué à élargir les perspectives sur la sexualité des femmes, à lutter contre la stigmatisation de l'avortement et à promouvoir l'éducation sexuelle inclusive.

3. Le mouvement LGBTQ+ :

Les mouvements de défense des droits LGBTQ+ se sont intensifiés au 20e siècle, en particulier à partir des années 1960. Ils ont lutté pour la décriminalisation de l'homosexualité, l'acceptation de la diversité sexuelle et l'égalité des droits.

Impact : Ces mouvements ont joué un rôle majeur dans la remise en question des tabous sociaux liés à l'homosexualité et à la transidentité, contribuant à des avancées législatives pour les droits LGBTQ+.

4. Campagnes pour l'éducation sexuelle et l'égalité des genres :

Diverses organisations et activistes ont mené des campagnes pour une éducation sexuelle complète et inclusive. Ils ont plaidé pour l'égalité des genres et ont énoncé les discriminations liées au sexe.

Impact : Ces campagnes ont permis de sensibiliser le public à l'importance de l'éducation sexuelle, à l'égalité des genres et à la lutte contre les stéréotypes et les tabous sociaux liés à la sexualité.

En résumé, les mouvements de libération sexuelle et les campagnes pour l'éducation sexuelle et l'égalité des genres ont joué un rôle clé dans la remise en question des tabous sociaux autour de la sexualité. Ils ont encouragé une plus grande ouverture, l'égalité des droits et une meilleure compréhension de la diversité sexuelle, contribuant ainsi à la transformation des normes sociales et culturelles.

Les tabous sexuels dans l'histoire et la culture

Depuis les temps anciens, les sociétés ont souvent érigé des tabous autour de la sexualité, dictant les normes de comportement sexuel et déterminant ce qui est considéré comme acceptable ou inacceptable. Des sujets tels que la virginité, la sexualité prémaritale, l'homosexualité, et d'autres pratiques sexuelles ont été soumis à des tabous sociaux, façonnant ainsi les comportements et les attitudes des individus envers leur sexualité.

La religion et les tabous sexuels

La religion joue un rôle majeur dans la définition des tabous sexuels dans de nombreuses sociétés. Les enseignements religieux peuvent influencer les attitudes envers la sexualité, définir les rôles de genre et dicter les comportements sexuels des adeptes. Nous examinerons comment les tabous sexuels sont ancrés dans les doctrines religieuses et comment ils peuvent être interprétés et pratiqués différemment par les croyants.

Le contrôle de la sexualité et le pouvoir

Les tabous sexuels peuvent être utilisés comme un outil de contrôle social et de pouvoir. La régulation de la sexualité peut être utilisée pour renforcer des hiérarchies de pouvoir, établir des normes sociales et maintenir l'ordre établi. Les interdits sexuels peuvent également être employés pour marginaliser certaines communautés ou pour exercer une pression sur les individus afin de se conformer aux normes établies.

Les tabous sexuels et la répression

La répression des tabous sexuels peut avoir des conséquences profondes sur la santé mentale et émotionnelle des individus. Les sujets entourés de tabous peuvent être difficiles à aborder ouvertement, conduisant parfois à la stigmatisation, à la honte, et à la désinformation. Nous étudierons comment la répression des tabous sexuels peut avoir des répercussions sur la sexualité individuelle et la manière dont les sociétés peuvent favoriser un dialogue plus ouvert et inclusif sur ces sujets délicats.

Exemple concret : Aux États-Unis, pendant la période de la ségrégation raciale, il existait de nombreux tabous sociaux liés à la race, comme l'interdiction pour les personnes de différentes races de se marier.Données historiques : La ségrégation raciale aux États-Unis a une histoire profondément enracinée, remontant à l'époque de l'esclavage et se prolongeant jusqu'au mouvement des droits civiques du XXe siècle. Ces tabous ont eu un impact significatif sur la société américaine.

L'évolution des tabous sexuels à l'ère moderne

À mesure que les sociétés évoluent et s'ouvrent davantage aux discussions sur la sexualité, les tabous sexuels subissent des changements significatifs. Les mouvements sociaux pour les droits des LGBTQ+, les débats sur l'éducation sexuelle, et les progrès scientifiques sur la santé sexuelle contribuent tous à la redéfinition des normes et des tabous entourant la sexualité. Nous analyserons comment les sociétés contemporaines remettent en question les tabous sexuels traditionnels et cherchent à créer des environnements plus respectueux de la diversité sexuelle et des droits individuels.

En explorant les tabous sociaux liés à la sexualité, nous nous confrontons aux enjeux intimes de l'identité, de la liberté et de l'éthique humaines. Ces tabous révèlent la complexité des relations entre la sexualité et la société, et nous invitent à réfléchir sur la manière de construire des sociétés plus inclusives, respectueuses des droits individuels et ouvertes aux discussions constructives sur la sexualité humaine.

- **Tabous religieux et spirituels**

La dimension religieuse de l'existence humaine est profondément imprégnée de tabous sacrés, de rites mystérieux et de croyances ancrées dans les traditions séculaires. Les tabous religieux et spirituels, véhiculés à travers les textes sacrés, les rituels et les enseignements des différentes croyances, revêtent une importance capitale dans la vie des croyants et dans la construction de l'identité des communautés religieuses.

Dans cette section, nous explorerons l'univers fascinant des tabous religieux et spirituels, mettant en lumière leur rôle dans la vie quotidienne des adeptes, ainsi que leur impact sur la structure sociale et l'évolution des sociétés.

Exemple concret : Dans le judaïsme, la consommation de porc est considérée comme un tabou religieux en raison des interdictions alimentaires énoncées dans la Torah.Données historiques : Les tabous religieux sont souvent ancrés dans des textes religieux anciens. Les lois alimentaires juives, par exemple, remontent à plus de 3 000 ans et continuent d'influencer la vie des Juifs orthodoxes.

Les tabous dans les dogmes religieux

Les religions du monde abritent une multitude de tabous, imposant des restrictions sur divers aspects de la vie quotidienne. Qu'il s'agisse de comportements, d'alimentation, de vêtements ou de pratiques rituelles spécifiques, ces interdits sacrés façonnent les choix et les comportements des croyants. Nous étudierons comment ces tabous sont définis dans les textes sacrés et comment ils servent à maintenir la cohésion et l'identité des communautés religieuses.

Les rituels sacrés et les tabous spirituels

Les rituels sacrés jouent un rôle central dans de nombreuses pratiques religieuses, et ils sont souvent entourés de tabous spécifiques. Les actes et les objets utilisés lors des rituels peuvent être considérés comme sacrés, inviolables, ou soumis à des règles strictes. Nous examinerons comment ces tabous spirituels contribuent à créer un sentiment de connexion avec le divin et comment ils permettent aux adeptes de se rapprocher de leurs croyances et de leurs valeurs les plus profondes.

Les tabous autour de la spiritualité individuelle

Outre les pratiques religieuses collectives, il existe également des tabous liés à la spiritualité individuelle. Certains sujets ou expériences spirituelles peuvent être considérés comme trop intimes, trop mystérieux ou même dangereux, entraînant ainsi une réticence à les partager ouvertement. Nous étudierons comment ces tabous personnels peuvent affecter la façon dont les individus vivent et expriment leur spiritualité.

Les implications sociales des tabous religieux

Les tabous religieux peuvent avoir un impact profond sur la structure sociale des sociétés. Ils peuvent renforcer des normes de comportement, établir des règles de moralité, et définir des rôles sociaux spécifiques pour les hommes et les femmes. Toutefois, ces tabous peuvent également être source de conflits, de tensions interculturelles et de discrimination envers ceux qui ne suivent pas les mêmes croyances. Nous analyserons comment les tabous religieux peuvent façonner les relations humaines et influencer la coexistence entre différentes communautés.

L'évolution des tabous religieux dans le monde moderne

À mesure que le monde évolue et que les sociétés s'ouvrent à la diversité culturelle et religieuse, les tabous religieux subissent des évolutions significatives. Les mouvements interreligieux, les débats sur la laïcité, et les questions éthiques contemporaines peuvent tous contribuer à la redéfinition des normes et des tabous religieux. Nous analyserons comment les sociétés contemporaines naviguent entre la préservation des traditions religieuses et la recherche d'une coexistence harmonieuse entre les diverses convictions.

En explorant les tabous religieux et spirituels, nous entrons dans l'univers mystérieux de la foi et de la dévotion humaine. Ces interdits sacrés nous invitent à réfléchir sur la signification profonde de la spiritualité et de la religion dans nos vies, tout en nous incitant à considérer l'importance de la tolérance et du respect mutuel dans un monde de plus en plus interconnecté.

Chapitre 3 : Tabous liés à la santé et au corps

Introduction : Dans cette section d'introduction, expliquez comment les tabous liés à la santé et au corps sont une partie cruciale de la vie quotidienne et de la société. Ces tabous touchent à des domaines sensibles de l'existence humaine et peuvent avoir un impact significatif sur la manière dont les individus interagissent avec leur propre corps et gèrent la santé.

- **La maladie et la mort : sujets sensibles**

Dans de nombreuses sociétés, parler ouvertement de la mort est considéré comme tabou. Les rites funéraires, les deuils, et les pratiques associées peuvent varier considérablement d'une culture à l'autre.Données historiques : Les tabous liés à la mort ont des racines historiques profondes, influençant les croyances religieuses, les traditions culturelles et les pratiques funéraires depuis des siècles.

- **Les tabous entourant la santé mentale**

Le tabou autour des problèmes de santé mentale a conduit à la stigmatisation des personnes souffrant de troubles psychologiques. Cela peut entraver la recherche de traitement et le soutien social.Données historiques : Les préjugés envers la santé mentale ont des antécédents historiques, tels que l'enfermement des personnes atteintes de maladies mentales dans des asiles au cours de l'histoire.

- **Le corps et ses tabous : beauté, vieillissement et handicap**

Les normes de beauté idéalisées dans les médias ont créé des tabous autour de l'apparence physique. Les troubles de l'alimentation, la chirurgie plastique, et la discrimination basée sur l'apparence sont des problèmes liés à ces tabous.Données historiques : L'idéal de beauté a évolué au fil des époques et des cultures, reflétant les normes changeantes et les croyances sociales. Les tabous liés à l'apparence physique ont été influencés par ces évolutions.

Le corps et ses tabous : beauté, vieillissement et handicap

...

Les tabous liés à la beauté sont illustrés par l'exigence de normes de beauté idéalisées, telles que la minceur extrême pour les femmes ou la musculature pour les hommes, propagées par les médias et l'industrie de la mode. Les troubles de l'alimentation comme l'anorexie et la boulimie sont liés à ces normes de beauté idéalisées.

Les idéaux de beauté ont varié à travers les époques. Par exemple, au XVIIe siècle, les femmes de la noblesse européenne appliquaient de la poudre de plomb sur leur visage pour obtenir une teinture pâle, ce qui a provoqué de graves problèmes de santé. Les normes de beauté évoluent en réponse à des facteurs socioculturels et historiques.

Les individus sont exposés à des normes de beauté dès leur plus jeune âge, ce qui peut entraîner des problèmes de perception de soi et des pressions psychologiques. Les troubles de l'alimentation, l'anxiété corporelle et la dysmorphophobie sont des exemples de problèmes liés à ces tabous.

Les tabous liés à la beauté affectent les interactions sociales et les opportunités dans la vie quotidienne. Les individus qui ne correspondent pas aux normes de beauté idéalisées peuvent faire l'expérience de discrimination et d'exclusion sociale.

Les tabous liés au vieillissement sont illustrés par la pression sociale pour rester jeune et les stéréotypes négatifs associés au vieillissement. Les personnes âgées peuvent faire face à des discriminations liées à leur âge sur le marché du travail et dans d'autres domaines de la vie.

L'idéal de jeunesse et de beauté éternelle a été promu dans de nombreuses sociétés à travers l'histoire. Les sociétés modernes ont également vu l'essor de l'industrie anti-vieillissement avec des produits et des procédures prétendant retarder le processus de vieillissement.

Les individus confrontés à des tabous liés au vieillissement peuvent ressentir de l'anxiété, de la dépression et une diminution de l'estime de soi. Les théories psychologiques comme la théorie de la menace du stéréotype expliquent comment ces stéréotypes négatifs peuvent affecter la performance et la santé mentale.

Les stéréotypes liés au vieillissement peuvent entraîner une discrimination dans l'emploi, l'accès aux soins de santé et d'autres domaines. Ils peuvent aussi avoir un impact sur les relations familiales et interpersonnelles.

Les tabous liés au handicap peuvent se manifester par l'exclusion sociale, la discrimination et la stigmatisation des personnes handicapées. Par exemple, certaines cultures ont historiquement considéré le handicap comme une punition divine.

Les attitudes envers le handicap ont évolué au fil du temps. Dans de nombreuses sociétés modernes, des lois et des politiques ont été mises en place pour promouvoir l'inclusion et les droits des personnes handicapées.

Les personnes handicapées peuvent faire l'expérience de la discrimination et du stress psychologique en raison des tabous sociaux. La psychologie sociale étudie comment les attitudes et les préjugés envers les personnes handicapées se forment.

Les tabous liés au handicap ont conduit à des luttes pour l'égalité des droits et l'inclusion dans la société. Des mouvements pour les droits des personnes handicapées ont cherché à sensibiliser et à promouvoir des changements sociétaux pour briser ces tabous.

Chapitre 4: Tabous sociaux et politiques

La sphère politique est souvent le terrain fertile de tabous puissants qui façonnent le paysage social et définissent les limites du débat public. Les tabous politiques peuvent émerger de la volonté de protéger l'intérêt commun, mais ils peuvent aussi être utilisés pour manipuler les opinions, restreindre la liberté d'expression, et maintenir un certain statu.

- Les tabous politiques et idéologiques

Les tabous politiques et idéologiques influencent profondément la dynamique politique et les interactions sociales. Les individus et les sociétés entières peuvent être contraints de se conformer aux idéaux ou aux croyances politiques dominantes.

Dans l'Allemagne nazie, critiquer le régime d'Hitler était un acte hautement tabou, avec de graves conséquences pour ceux qui osaient le faire. Les lois sur la lèse-majesté rendaient illégal de critiquer le gouvernement.

D'autre part, dans de nombreux pays, critiquer ouvertement le gouvernement peut être considéré comme tabou. Les régimes autoritaires imposent souvent des lois restrictives sur la liberté d'expression pour maintenir le contrôle.Données historiques : L'histoire est remplie d'exemples de tabous politiques, de la censure de la presse sous des régimes autoritaires aux débats politiques polarisés dans des démocraties.

Les tabous politiques ont une longue histoire. Les sociétés autoritaires et totalitaires ont souvent imposé des tabous sur la liberté d'expression pour maintenir leur autorité. Dans les démocraties, la polarisation politique peut également créer des tabous sur la discussion ouverte de certaines questions.

Les individus peuvent se conformer à des tabous politiques par peur des représailles ou de l'opprobre social. La psychologie politique examine comment les croyances politiques et les tabous affectent le comportement individuel.

Les tabous politiques ont un impact sur la formation des groupes sociaux et des mouvements de protestation. Les tabous peuvent également influencer la façon dont les sociétés gèrent les conflits et la diversité d'opinions.

Les tabous politiques sont liés à la psychologie politique, avec des individus susceptibles de rester silencieux par peur de répercussions ou de s'engager activement dans la politique pour défendre leurs croyances.

Les tabous politiques peuvent influencer les mouvements sociaux et les conflits, car certaines questions restent non discutées ou sont débattues de manière cachée.

- Les tabous liés à l'argent et à la classe sociale

Les tabous liés à l'argent et à la classe sociale touchent aux inégalités économiques et aux questions de statut social. Ces tabous ont un impact significatif sur la perception de soi, la mobilité sociale et les interactions sociales.

Aux États-Unis, parler de salaire ou de dettes personnelles est souvent considéré comme inapproprié. Cela peut rendre difficile la recherche de soutien financier ou la résolution de problèmes liés à l'argent.

Les individus peuvent ressentir de la honte ou de la culpabilité liées à leur situation financière. La psychologie sociale examine comment la perception de soi est influencée par la classe sociale et l'argent.

Les tabous liés à l'argent et à la classe sociale affectent les interactions sociales, la mobilité sociale et la solidarité entre les classes. Ils peuvent également renforcer les inégalités économiques.Dans de nombreuses cultures, discuter ouvertement de sa situation financière est considéré comme inapproprié. Les dettes et les problèmes financiers peuvent être tabous familiaux.Données historiques : Les tabous liés à l'argent et à la classe sociale ont des racines historiques, avec des divisions de classe et des inégalités qui ont varié au fil du temps.

Les tabous liés à l'argent peuvent entraîner du stress financier et des conflits familiaux. Les individus peuvent également éprouver de la honte en fonction de leur situation économique.

Les tabous liés à l'argent et à la classe sociale affectent les interactions sociales et la mobilité sociale. Les inégalités économiques sont souvent renforcées par ces tabous.

- Les tabous du pouvoir et de l'autorité

La critique ouverte des dirigeants politiques, des chefs d'entreprise ou des figures d'autorité peut être considérée comme taboue dans certaines sociétés. Les whistleblowers risquent des représailles.

Les tabous liés au pouvoir et à l'autorité ont des racines historiques profondes, avec des exemples de répression de la dissidence et de la censure des médias.

Les tabous du pouvoir et de l'autorité peuvent entraîner de la peur et de la conformité. La psychologie du pouvoir explore comment les individus réagissent à l'autorité.

Les tabous du pouvoir et de l'autorité ont des implications sur la gouvernance, la démocratie et les mouvements sociaux. Ils influencent également la justice sociale et la répartition du pouvoir.

Les inégalités de richesse et de classe ont une longue histoire. Les systèmes de caste, la féodalité et l'industrialisation ont tous contribué à façonner ces tabous.

- Les tabous du pouvoir et de l'autorité

Les tabous du pouvoir et de l'autorité touchent à la gouvernance, à la démocratie et à la répartition du pouvoir. Ils ont des implications sur la justice sociale, la justice et la dynamique sociale.

Dans certaines sociétés, critiquer publiquement les dirigeants politiques ou les autorités religieuses peut être tabou, avec des conséquences juridiques ou sociales sévères.

Les régimes autoritaires ont souvent réprimé la dissidence et la critique publique. La censure des médias et la persécution des opposants politiques ont été des moyens courants de maintenir le pouvoir.

Les individus peuvent ressentir de la peur envers les autorités, ce qui peut les empêcher de s'exprimer ou de s'engager dans des activités politiques. La psychologie du pouvoir explore comment les individus réagissent à l'autorité.

Les tabous du pouvoir et de l'autorité ont des conséquences sur la gouvernance, les mouvements sociaux et la démocratie. Ils peuvent également influencer la perception de la justice et de l'injustice au sein de la société.

Les sujets politiques sensibles

Certains sujets politiques sont délibérément évités ou traités avec précaution en raison de leur sensibilité. Que ce soit pour préserver la paix sociale ou pour protéger les intérêts particuliers, des sujets tels que l'identité nationale, l'immigration, les conflits armés, ou les droits de l'homme peuvent devenir des tabous politiques. Nous étudierons comment ces interdits peuvent influencer la formulation des politiques publiques et la manière dont ils peuvent façonner la perception des problèmes dans la société.

La censure politique et la liberté d'expression

Dans certaines sociétés, la censure politique peut être utilisée pour contrôler l'information et restreindre la liberté d'expression. Des sujets jugés dérangeants pour le gouvernement ou pour certaines élites peuvent être censurés dans les médias, les publications ou sur internet. Nous analyserons les implications de la censure politique sur la démocratie, les droits de l'homme et l'accès à l'information.

Le pouvoir et l'influence sur l'agenda politique

Les tabous politiques peuvent être façonnés par ceux qui détiennent le pouvoir ou l'influence. Des intérêts spécifiques peuvent chercher à imposer des tabous sur certains sujets pour protéger leurs privilèges ou leur position dominante. Nous étudierons comment les élites politiques peuvent façonner l'agenda public en décidant quels sujets sont discutables et quels sujets doivent être évités.

La répression des dissidents politiques

Les dissidents politiques, ceux qui osent contester les tabous établis, peuvent être soumis à des représailles et à des persécutions. La remise en question des normes politiques établies peut être perçue comme une menace pour le pouvoir en place, ce qui conduit parfois à la répression des voix dissidentes. Nous analyserons comment les tabous politiques peuvent être utilisés pour maintenir la stabilité du pouvoir et comment la répression des dissidents peut affecter la démocratie et les droits de l'homme.

Les tabous politiques dans un contexte mondialisé

À l'ère de la mondialisation, les tabous politiques peuvent être confrontés à de nouveaux défis. Les mouvements transnationaux, les médias sociaux et les organisations internationales peuvent tous contribuer à la remise en question des tabous politiques traditionnels. Nous étudierons comment la mondialisation et la connectivité mondiale influencent les tabous politiques et comment ils sont perçus à l'échelle internationale.

En explorant les tabous politiques, nous nous plongeons au cœur des enjeux de pouvoir, de contrôle de l'information et de démocratie. Ces interdits peuvent façonner la manière dont nous percevons le monde politique et influencer nos choix en tant que citoyens. En mettant en lumière ces tabous, nous aspirons à promouvoir une réflexion critique sur la liberté d'expression, l'accès à l'information et la responsabilité démocratique dans les sociétés contemporaines.

Chapitre 5 : Tabous dans les relations interpersonnelles

Tabous familiaux : Secrets, traditions et héritages

Au cœur de chaque famille se trouvent des tabous qui délimitent les frontières des relations intimes et des dynamiques familiales. Ces interdits, qu'ils soient conscients ou inconscients, jouent un rôle essentiel dans la construction de l'identité familiale, la transmission des valeurs et la préservation des traditions.

Dans cette section, nous allons explorer le monde complexe des tabous familiaux, en mettant en lumière leur impact sur les relations familiales, les secrets de famille, et la manière dont les traditions et les héritages sont transmis de génération en génération.

Les tabous dans les relations interpersonnelles influencent la dynamique des interactions humaines, des relations familiales aux relations amoureuses et amicales. Ces tabous touchent des domaines sensibles de la vie quotidienne et ont un impact sur la manière dont les individus se lient les uns aux autres.

Les secrets de famille

Les familles peuvent souvent être porteuses de secrets, que ce soit pour protéger un membre de la famille, préserver la réputation de la lignée ou garder le silence sur des événements douloureux du passé. Ces secrets de famille peuvent exercer une influence profonde sur les relations intrafamiliales et avoir des répercussions sur la santé mentale et émotionnelle des membres concernés. Nous étudierons comment ces secrets sont gardés et comment leur révélation, ou leur dissimulation, peut façonner l'identité familiale.

Les tabous autour des traditions familiales

Les traditions familiales, transmises de génération en génération, sont souvent entourées de tabous qui définissent les attentes envers les membres de la famille. Des rituels spécifiques, des rôles familiaux et des comportements hérités des ancêtres peuvent être protégés par ces interdits. Nous analyserons comment ces tabous peuvent influencer le sens de l'appartenance familiale et la manière dont ils peuvent évoluer ou être remis en question à mesure que la famille se transforme.

- **Les tabous autour de la famille et de la parentalité**

Dans certaines cultures, discuter des problèmes familiaux en public est considéré comme tabou. Par exemple, les conflits conjugaux ou les problèmes avec les enfants sont souvent gardés secrets.

Les tabous familiaux ont des racines historiques, souvent en relation avec des normes de comportement, la religion et les attentes sociales envers la famille.

Les individus peuvent ressentir de la honte ou de la culpabilité en lien avec des problèmes familiaux, ce qui peut influencer leur bien-être mental et leurs relations.

Les tabous familiaux influencent la dynamique familiale, la répartition des responsabilités et les attentes envers les rôles parentaux.

- **Les tabous amoureux et sexuels**

La discussion ouverte de la sexualité, des fantasmes sexuels ou des orientations sexuelles peut être considérée comme taboue dans de nombreuses sociétés. Cela peut entraîner la stigmatisation des minorités sexuelles.

Les tabous sexuels ont varié à travers l'histoire, avec des époques de répression sexuelle suivies de périodes de libération sexuelle.

Les individus peuvent éprouver de la culpabilité ou de l'anxiété en raison des tabous sexuels, ce qui peut affecter leur bien-être et leur estime de soi.

Les tabous sexuels influencent les normes de la sexualité, la dynamique des relations amoureuses et la législation sur les questions sexuelles.

- **Les tabous de l'amitié et de la confiance**

La trahison de la confiance d'un ami est largement considérée comme taboue dans de nombreuses cultures. La perte de confiance peut briser des amitiés durables.

Les attentes en matière d'amitié et de confiance ont évolué au fil du temps, influencées par la société et la culture.

La rupture de la confiance peut entraîner des sentiments de trahison, de méfiance et de douleur émotionnelle.

Les tabous entourant l'amitié et la confiance ont des implications sur la dynamique sociale, la solidarité entre amis et les conséquences de la trahison dans la société.

Les héritages émotionnels et psychologiques

Les tabous familiaux peuvent également se manifester sous la forme d'héritages émotionnels et psychologiques. Des expériences traumatiques non résolues, des schémas comportementaux transmis de génération en génération et des normes de communication peuvent influencer la dynamique familiale de manière subtile mais puissante. Nous étudierons comment ces héritages peuvent affecter la manière dont les membres de la famille interagissent entre eux et comment ils peuvent être abordés pour favoriser la guérison et la croissance personnelle.

La transmission des valeurs familiales

Les tabous familiaux jouent un rôle crucial dans la transmission des valeurs et des croyances d'une génération à une autre. Certains sujets peuvent être considérés comme inacceptables à discuter, tandis que d'autres sont célébrés et préservés avec fierté. Nous explorerons comment ces tabous peuvent renforcer les liens familiaux et aider à préserver l'unité familiale, tout en examinant comment ils peuvent parfois créer des tensions entre les générations ou les branches familiales.

L'évolution des tabous familiaux dans la société moderne

À mesure que les sociétés évoluent et que les valeurs familiales se transforment, les tabous familiaux peuvent également subir des changements significatifs. Les mouvements pour l'égalité des genres, la redéfinition des rôles familiaux et les nouveaux défis socioculturels peuvent tous contribuer à la remise en question des tabous familiaux traditionnels. Nous analyserons comment les familles contemporaines naviguent entre les traditions héritées et l'ouverture à de nouvelles perspectives familiales.

En explorant les tabous familiaux, nous entrons dans l'univers complexe des relations intimes et des liens affectifs. Ces interdits jouent un rôle majeur dans la construction de l'identité familiale et influencent la manière dont les membres d'une famille interagissent les uns avec les autres. En mettant en lumière ces tabous, nous aspirons à encourager une réflexion sur l'évolution des dynamiques familiales et la manière dont les familles peuvent s'épanouir tout en respectant leurs traditions et en embrassant le changement..

Les tabous autour de la santé mentale

Malgré des progrès dans la sensibilisation à la santé mentale, les tabous entourant les problèmes de santé mentale persistent dans de nombreuses sociétés. La stigmatisation liée aux troubles psychologiques peut entraver l'accès aux soins et empêcher les individus de chercher de l'aide. Nous étudierons comment briser ces tabous peut contribuer à favoriser un dialogue ouvert sur la santé mentale et à soutenir le bien-être émotionnel de chacun.

Les enjeux du numérique et les tabous technologiques

L'avènement des technologies numériques a transformé notre manière de vivre, de travailler et d'interagir. Cependant, cela a également soulevé des questions éthiques et des tabous concernant la protection de la vie privée, la manipulation de l'information, et l'impact des réseaux sociaux sur la société. Nous analyserons comment aborder ces tabous technologiques peut permettre de trouver un équilibre entre l'innovation et la préservation des droits individuels.

Chapitre 6 : Tabous modernes et leur évolution

Ce chapitre explore les tabous modernes et comment ils évoluent à l'ère de la technologie, de la mondialisation et des changements sociaux. Il met en évidence comment les tabous modernes diffèrent de ceux du passé et comment ils influencent nos vies.

- **L'influence des médias et de la technologie sur les tabous**

Les médias sociaux ont créé de nouveaux tabous liés à la vie privée, à la cyberintimidation et à la diffusion de fausses informations. Les conversations sur la sécurité en ligne sont devenues essentielles.

La révolution numérique a radicalement changé la manière dont les informations sont partagées, créant de nouveaux défis en matière de confidentialité et d'éthique.

Les tabous liés à la technologie évoluent rapidement à mesure que la société s'adapte aux nouvelles réalités du monde numérique. Les débats sur la liberté d'expression et la régulation en ligne font rage.

- **Les mouvements sociaux et le changement des tabous**

Le mouvement #MeToo a remis en question les tabous autour du harcèlement sexuel et de l'abus de pouvoir, encourageant les victimes à partager leurs expériences et à tenir les agresseurs responsables.

Les mouvements sociaux ont joué un rôle essentiel dans la redéfinition des normes sociales et ont contribué à briser de nombreux tabous profondément enracinés dans les sociétés. Ces mouvements se sont mobilisés pour l'égalité, la justice sociale et l'inclusion, mettant ainsi en lumière les injustices et les discriminations liées à certains tabous. Voici quelques exemples de l'impact des mouvements sociaux sur les taboLeus :

1. Féminisme et émancipation des femmes : Le mouvement féministe a remis en question les tabous traditionnels liés au rôle de la femme dans la société. Il a lutté pour l'autonomisation des femmes, l'égalité des sexes et la reconnaissance de leurs droits. Le féminisme a contribué à briser des tabous autour de sujets tels que la sexualité féminine, la maternité, le travail et la participation politique des femmes.

2. Droits LGBTQ+ et acceptation de l'identité de genre : Les mouvements pour les droits des personnes LGBTQ+ ont été essentiels pour déconstruire les tabous entourant la sexualité et l'identité de genre. Ils ont favorisé une plus grande acceptation de la diversité sexuelle et de genre, en luttant contre la stigmatisation et la discrimination envers les personnes LGBTQ+.

3. Mouvement anti-raciste et décolonisation des mentalités : Ces mouvements ont remis en question les tabous liés à la race, à l'ethnicité et à la culture. Ils ont souligné l'importance de reconnaître les préjugés inconscients et les pratiques discriminatoires, et ont encouragé un dialogue ouvert sur l'héritage colonial et ses conséquences.

4. Handicap et inclusion : Les mouvements pour les droits des personnes handicapées ont contribué à briser les tabous entourant le handicap en mettant en évidence la diversité des

capacités et en plaidant pour une société plus inclusive. Ils ont remis en question les perceptions négatives et les stéréotypes associés au handicap, et ont promu l'accessibilité et l'égalité des chances.

Ils ont joué un rôle essentiel dans l'évolution des tabous sociaux, en ouvrant des discussions sur des questions telles que l'égalité des sexes, les droits civiques et l'environnement.

Ces mouvements continuent d'influencer les normes sociales et les valeurs. Ils créent des espaces pour remettre en question les tabous et encouragent le changement social.

L'impact de ces mouvements sociaux ne se limite pas seulement à des changements législatifs, mais il se manifeste également dans la culture populaire, les médias et les conversations publiques. Les réseaux sociaux ont joué un rôle crucial dans l'amplification de ces messages et ont permis à des voix marginalisées d'être entendues à l'échelle mondiale.

Cependant, il est important de reconnaître que les mouvements sociaux sont souvent confrontés à des résistances, car ils remettent en question des croyances et des valeurs profondément enracinées. Certains groupes conservateurs peuvent réagir violemment face à ces changements, exprimant ainsi leur attachement aux tabous traditionnels.

En outre, les mouvements sociaux eux-mêmes ne sont pas homogènes, et des divergences peuvent surgir quant à la manière de remettre en question les tabous. Des débats internes peuvent se produire sur les priorités, les stratégies et les tactiques à adopter pour favoriser un changement social positif.

En conclusion, les mouvements sociaux ont joué un rôle de premier plan dans la remise en question des tabous sociaux en promouvant des valeurs d'égalité, d'inclusion et de respect. Leurs efforts ont contribué à transformer la société en ouvrant la voie à une meilleure compréhension mutuelle et en encourageant des conversations plus ouvertes et inclusives sur des sujets autrefois considérés comme tabous.

- **L'impact de la mondialisation sur les tabous culturels**

La mondialisation a facilité l'accès à diverses cultures et coutumes. Cela a entraîné une remise en question des tabous culturels en matière de vêtements, d'alimentation et de croyances.

La mondialisation a accéléré l'échange culturel à l'échelle mondiale, contribuant à l'hybridation des cultures et à la diversification des normes.

Alors que le monde devient de plus en plus interconnecté, les tabous culturels sont en constante évolution. Les sociétés s'efforcent de trouver un équilibre entre la préservation de leurs traditions et l'ouverture à de nouvelles influences.

Chapitre 7 : Dépasser les tabous pour un avenir meilleur

Introduction : Ce chapitre explore comment la société peut surmonter les tabous pour promouvoir un avenir plus ouvert, inclusif et progressiste. Il met en lumière les conséquences positives et négatives des tabous et examine le rôle de l'éducation et de la réflexion pour provoquer le changement.

Nous allons exploré en profondeur les tabous qui influencent nos vies, nos relations et notre société dans son ensemble. Nous allons aussi examiné comment les tabous sociaux touchent des domaines sensibles de la vie humaine, des questions politiques à la santé mentale, de la sexualité à la classe sociale. Il est devenu clair que les tabous jouent un rôle complexe et ambivalent dans nos vies. D'un côté, ils peuvent protéger la vie privée, préserver les valeurs culturelles et maintenir l'ordre social. D'un autre côté, ils peuvent conduire à la stigmatisation, à la discrimination et à l'oppression, entravant le progrès social en empêchant les discussions franches sur des questions importantes.

Cependant, il est crucial de reconnaître que les tabous ne sont pas figés. Ils évoluent avec le temps et la société. Les mouvements sociaux, les avancées technologiques et la mondialisation ont tous contribué à remettre en question les normes traditionnelles et à briser les tabous. Nous avons vu comment la société peut surmonter ces tabous pour construire un avenir meilleur.

L'éducation joue un rôle central dans cette évolution. L'éducation et la sensibilisation peuvent aider à promouvoir la tolérance, l'empathie et le respect de la diversité. L'enseignement de la pensée critique permet aux individus de remettre en question les croyances préconçues et d'examiner les tabous d'un point de vue éclairé.

Repenser les tabous est essentiel pour construire une société plus ouverte et inclusive. Cela implique de repenser les normes sociales, de réviser les lois discriminatoires et de promouvoir l'égalité des sexes et la protection des droits de l'homme. Le dialogue ouvert et respectueux est un outil puissant pour briser les tabous, permettant aux individus d'exprimer leurs préoccupations, de partager leurs expériences et de promouvoir le changement.

Les conséquences positives et négatives des tabous

Conséquences positives : Les tabous peuvent parfois servir à protéger la vie privée, à préserver les valeurs culturelles et à maintenir l'ordre social. Ils peuvent aussi susciter la créativité en défiant les normes établies.

Conséquences négatives : Les tabous peuvent conduire à la stigmatisation, à la discrimination et à l'oppression. Ils peuvent entraver le progrès social en empêchant les discussions franches sur des problèmes importants.

Le rôle de l'éducation dans la remise en question des tabous

Éducation et sensibilisation : L'éducation peut aider à sensibiliser les individus aux questions entourant les tabous. Elle peut promouvoir la tolérance, l'empathie et le respect de la diversité.

Enseignement de la pensée critique : L'enseignement de la pensée critique peut encourager les individus à remettre en question les croyances préconçues et à examiner les tabous d'un point de vue éclairé.

Repenser les tabous pour une société plus ouverte et inclusive

Repenser les normes sociales : La société peut évoluer en repensant les normes sociales et en adaptant les tabous aux réalités contemporaines. Cela inclut la révision des lois discriminatoires, la promotion de l'égalité des sexes et la protection des droits de l'homme.

L'importance du dialogue ouvert : Encourager le dialogue ouvert et respectueux est essentiel pour briser les tabous. Cela permet aux individus d'exprimer leurs préoccupations, de partager leurs expériences et de promouvoir le changement.

Ce chapitre montre comment repenser les tabous peut contribuer à un avenir meilleur, en tenant compte des conséquences positives et négatives des tabous, du rôle de l'éducation et de l'importance du dialogue ouvert pour promouvoir une société plus inclusive et progressiste.

Les tabous environnementaux et le développement durable

À mesure que les enjeux environnementaux s'intensifient, de nouveaux tabous sociaux émergent autour de la consommation, de la gestion des ressources naturelles, et de la lutte contre le changement climatique. Certaines pratiques traditionnelles peuvent être remises en question, tandis que de nouvelles normes de durabilité peuvent émerger. Nous explorerons comment ces tabous environnementaux influencent les politiques publiques et les comportements individuels envers la protection de la planète.

Les tabous liés à l'identité et à la diversité

Les sociétés contemporaines sont de plus en plus confrontées aux enjeux de l'identité et de la diversité. Les questions liées à l'orientation sexuelle, à l'expression de genre, à l'immigration et à l'appartenance culturelle peuvent susciter des débats passionnés et parfois controversés. Nous étudierons comment briser les tabous autour de l'identité et de la diversité peut favoriser l'inclusion sociale et le respect des droits fondamentaux.

Les opportunités de transformation sociale

Bien que les tabous sociaux puissent représenter des obstacles à l'évolution des sociétés, ils peuvent également offrir des opportunités de transformation sociale. En remettant en question certains interdits, les sociétés peuvent progresser vers plus d'égalité, de tolérance et de progrès. Nous explorerons comment la remise en question constructive de ces tabous peut contribuer à façonner un avenir plus inclusif et respectueux de la diversité.

En explorant les tabous sociaux contemporains, nous nous confrontons aux défis complexes de notre époque, mais aussi aux opportunités de progresser vers une société plus ouverte et éclairée. Ces interdits reflètent notre dynamique culturelle et sociale en perpétuel mouvement, nous invitant à réfléchir sur la manière de relever les défis de notre temps tout en préservant nos valeurs fondamentales.

Déconstruire les tabous : Vers une compréhension éclairée

La remise en question des tabous qui jalonnent nos sociétés est essentielle pour promouvoir une compréhension éclairée, favoriser l'inclusion sociale et encourager le progrès. Déconstruire ces interdits sociaux nous permet de mieux appréhender les complexités de notre monde, d'encourager le dialogue ouvert et d'embrasser la diversité des perspectives.

La déconstruction des tabous sociaux est un voyage vers un avenir plus éclairé et émancipé. Ce voyage demande un engagement collectif pour lutter contre les discriminations, promouvoir la tolérance et ouvrir des espaces de dialogue respectueux. Ensemble, nous pouvons bâtir un monde où les tabous sociaux ne limitent plus notre plein potentiel, mais où chacun est libre de vivre authentiquement, dans le respect et l'harmonie avec les autres. Ce chemin exigeant est porteur d'espoirs pour un avenir plus inclusif et égalitaire, où la diversité est célébrée et où chaque individu est reconnu pour sa valeur intrinsèque.

L'importance du dialogue ouvert

Pour briser les tabous, il est essentiel d'encourager un dialogue ouvert et respectueux. La communication honnête et bienveillante permet de confronter nos préjugés et nos idées préconçues, tout en favorisant une meilleure compréhension des points de vue divergents. En établissant un espace de discussion sécurisé, nous pouvons dépasser les tabous qui nous séparent et nous rapprocher en tant qu'individus et en tant que société.

L'éducation et la sensibilisation

L'éducation joue un rôle central dans la déconstruction des tabous. En sensibilisant les individus dès leur plus jeune âge aux différentes réalités sociales, culturelles et historiques, nous favorisons une approche plus tolérante et respectueuse envers la diversité. L'éducation permet de briser les stéréotypes, de démystifier les sujets tabous et de promouvoir une réflexion critique sur les normes sociales établies.

L'ouverture à la diversité

En embrassant la diversité des valeurs, des croyances et des identités, nous pouvons déconstruire les tabous qui érigent des barrières entre les individus et les communautés. L'ouverture à la diversité nous enrichit en tant que société en nous permettant de puiser dans une multitude de perspectives et d'expériences. Cela nous encourage également à remettre en question nos propres normes et à reconnaître la validité des choix de vie différents des nôtres.

Le rôle des médias et de la culture

Les médias et la culture jouent un rôle puissant dans la construction et la déconstruction des tabous sociaux. En mettant en avant des récits diversifiés, en présentant des personnages et des expériences variées, les médias et la culture peuvent contribuer à briser les stéréotypes et à dépasser les tabous. Il est crucial de promouvoir une représentation équitable et respectueuse de toutes les identités dans ces espaces d'influence.

La quête de l'équilibre entre tradition et modernité

Déconstruire les tabous ne signifie pas nécessairement rejeter toutes les traditions et valeurs établies. Il s'agit plutôt d'encourager un dialogue critique sur ces traditions, en réfléchissant à leur pertinence dans un contexte contemporain. L'équilibre entre tradition et modernité permet de préserver les éléments culturels et historiques qui nous définissent tout en adaptant nos perspectives aux réalités du monde actuel.

En déconstruisant les tabous, nous adoptons une approche plus ouverte et éclairée envers notre société et ses défis. Cette démarche nous incite à remettre en question nos propres croyances, à embrasser la diversité, et à promouvoir une compréhension mutuelle et respectueuse. En mettant fin à l'emprise des tabous sociaux, nous ouvrons la voie à une société plus inclusive, égalitaire et bienveillante.

Dépasser les tabous : Vers une société émancipée

Le dépassement des tabous sociaux est un processus essentiel pour construire une société émancipée, où les individus sont libres de s'exprimer, de vivre leur vérité et de participer pleinement à la vie sociale, politique et culturelle. En brisant les barrières des tabous, nous ouvrons la voie à une société plus juste, inclusive et épanouissante.

L'émancipation des individus

Les tabous sociaux peuvent restreindre la liberté individuelle et empêcher les personnes d'exprimer pleinement leur identité, leurs désirs et leurs aspirations. En dépassant ces tabous, nous libérons les individus de l'emprise du jugement social, leur permettant ainsi de se réaliser pleinement et d'explorer leur potentiel. L'émancipation individuelle renforce la confiance en soi et contribue à une société plus créative et innovante.

La promotion de l'égalité des droits

Certains tabous sociaux sont liés à des discriminations basées sur le genre, l'orientation sexuelle, la race ou d'autres caractéristiques. En les dépassant, nous ouvrons la voie à la promotion de l'égalité des droits et des opportunités pour tous. La lutte contre les tabous discriminatoires est un pas important vers une société où chacun est reconnu et respecté dans sa dignité humaine.

La création d'une culture d'ouverture et de respect

Dépasser les tabous sociaux implique de créer une culture d'ouverture, de respect et de bienveillance envers autrui. Cela nécessite d'écouter activement les voix marginalisées, de reconnaître les perspectives diverses et de faire preuve d'empathie envers les expériences des autres. En favorisant une culture de dialogue et d'acceptation, nous construisons des liens sociaux solides et durables.

La redéfinition des normes sociales

Les tabous sociaux sont souvent étroitement liés aux normes sociales établies. En les dépassant, nous avons l'occasion de remettre en question ces normes et d'explorer de nouvelles voies pour la coexistence humaine. La redéfinition des normes sociales nous permet de créer une société plus flexible, inclusive et adaptée aux besoins et aux valeurs de tous ses membres.

La responsabilité collective

Dépasser les tabous sociaux est une tâche collective qui exige l'engagement de tous les membres de la société. Cela implique de reconnaître les privilèges et les préjugés, de se remettre en question, et de travailler ensemble pour créer un environnement respectueux et égalitaire. La responsabilité collective dans la lutte contre les tabous nous unit en tant que société et nous pousse à œuvrer pour un monde meilleur.

En dépassant les tabous, nous franchissons des frontières, élargissons nos horizons et avançons vers une société plus éclairée et émancipée. Cela demande un effort continu et un engagement à embrasser la diversité et la complexité du monde qui nous entoure. Ensemble, nous pouvons créer un avenir où chaque individu est libre de s'épanouir et où la diversité est célébrée comme une richesse collective.

Construire un avenir inclusif : Le rôle de chacun

La construction d'un avenir inclusif, où les tabous sont dépassés et les barrières sociales sont brisées, est une responsabilité partagée par chaque individu, communauté et société. Pour parvenir à cette vision d'un avenir égalitaire et respectueux, nous devons tous nous engager à jouer un rôle actif dans la promotion du dialogue ouvert, de la compréhension mutuelle et de l'inclusion sociale.

L'écoute empathique et le respect des différences

L'écoute empathique est une compétence essentielle dans la construction d'une société inclusive. En écoutant activement les expériences, les perspectives et les besoins des autres, nous pouvons mieux comprendre leurs réalités et reconnaître les défis auxquels ils font face. Le respect des différences nous permet de valoriser la diversité et de créer un espace où chaque voix est entendue et respectée.

La remise en question des préjugés

Les préjugés, conscients ou inconscients, peuvent nourrir les tabous sociaux en renforçant les discriminations et les inégalités. En nous engageant dans une réflexion introspective, nous pouvons remettre en question nos propres préjugés et les stéréotypes sociaux. Cela nous aide à développer une conscience critique et à construire des relations interpersonnelles basées sur l'égalité et le respect.

L'éducation et la sensibilisation continue

L'éducation et la sensibilisation sont des leviers puissants pour briser les tabous sociaux. En apprenant davantage sur les réalités vécues par les autres, sur les enjeux sociaux et les dynamiques de pouvoir, nous élargissons notre compréhension du monde. L'éducation doit être un processus continu, nous invitant à remettre en question nos croyances et à nous ouvrir à de nouvelles perspectives.

La solidarité et l'action collective

La solidarité est une force motrice dans la construction d'une société inclusive. En nous soutenant mutuellement et en agissant collectivement, nous pouvons surmonter les obstacles sociaux et promouvoir le changement positif. En unissant nos voix et nos efforts, nous pouvons exiger des politiques et des pratiques qui reflètent les valeurs d'équité, de justice et de respect des droits humains.

L'engagement envers l'évolution sociale

Construire un avenir inclusif exige un engagement constant envers l'évolution sociale. Cela signifie être ouvert aux changements, à l'adaptation et à l'amélioration continue de nos sociétés. En identifiant les tabous sociaux, en les déconstruisant et en créant des espaces où la diversité est célébrée, nous contribuons à bâtir un monde où chaque individu est libre de réaliser son plein potentiel.

En construisant un avenir inclusif, nous contribuons à la création d'une société plus juste, égalitaire et bienveillante pour tous. Chacun de nous a un rôle à jouer dans ce processus, en s'engageant à briser les barrières et à promouvoir une compréhension mutuelle. Ensemble, nous pouvons construire un monde où les tabous sociaux ne limitent plus la liberté et l'épanouissement des individus, mais où chacun est encouragé à être pleinement lui-même et à contribuer positivement à la société.

Vers un avenir sans tabous : Défis et espoirs

La quête d'un avenir sans tabous est une entreprise ambitieuse, mais elle est essentielle pour créer des sociétés équitables, respectueuses et inclusives. Cependant, ce chemin vers la déconstruction des tabous sociaux est semé de défis, mais aussi porteur d'espoirs pour un monde meilleur.

Les défis de la remise en question des tabous

La remise en question des tabous sociaux implique de faire face à des résistances culturelles, politiques et personnelles. Certains individus et groupes peuvent s'accrocher à des normes établies, craignant que leur identité ou leurs valeurs soient menacées par le changement. Surmonter ces défis nécessite un effort collectif de sensibilisation, d'éducation et de dialogue ouvert.

La lutte contre la stigmatisation et la discrimination

Les tabous sociaux sont souvent liés à la stigmatisation et à la discrimination envers des individus ou des groupes spécifiques. Pour parvenir à un avenir sans tabous, il est essentiel de lutter contre ces pratiques injustes et de promouvoir une société où chacun est traité avec dignité et respect, indépendamment de son identité, de ses croyances ou de son statut social.

La préservation des valeurs fondamentales

Dépasser les tabous ne signifie pas abandonner nos valeurs fondamentales. Il s'agit plutôt de réévaluer ces valeurs à la lumière des évolutions sociales et de s'ouvrir à de nouvelles perspectives qui reflètent l'inclusivité et la diversité. La préservation des valeurs d'égalité, de liberté et de respect de la dignité humaine doit rester au cœur de notre quête d'un avenir sans tabous.

La nécessité d'une approche globale

La déconstruction des tabous sociaux nécessite une approche globale, impliquant tous les secteurs de la société, y compris les gouvernements, les organisations, les médias, les éducateurs et les individus. La collaboration et la coopération entre ces acteurs sont cruciales pour aborder les enjeux sociaux de manière holistique et pour construire une société émancipée.

L'espoir d'un avenir inclusif

Malgré les défis, l'espoir d'un avenir sans tabous est une force motrice puissante. En dépassant les barrières sociales, nous créons un monde où chacun peut s'épanouir, où les droits fondamentaux sont respectés, et où la diversité est célébrée comme une richesse collective. Cet avenir inclusif est une aspiration qui inspire le changement positif et nous incite à œuvrer ensemble pour bâtir une société meilleure.

L'importance de l'action individuelle

Dans la quête d'un avenir sans tabous, chaque individu joue un rôle crucial. L'action individuelle est une force puissante pour le changement social, car elle commence par de petits gestes qui, mis ensemble, peuvent entraîner des transformations significatives dans la société. Voici l'importance de l'action individuelle dans la construction d'un avenir égalitaire et respectueux :

Briser le silence

L'une des premières étapes pour dépasser les tabous est de briser le silence qui les entoure. En osant parler ouvertement de sujets sensibles, de discriminations, ou d'expériences personnelles, nous contribuons à normaliser le dialogue et à ouvrir des espaces de discussion. Le simple fait de partager nos histoires peut permettre à d'autres de se sentir compris et soutenus.

S'engager dans la lutte contre la stigmatisation

L'action individuelle implique de s'engager activement dans la lutte contre la stigmatisation et la discrimination. Cela peut se manifester par le rejet de stéréotypes, le refus de participer à des pratiques discriminatoires et le soutien aux personnes qui en sont victimes. Chacun peut être un allié pour les groupes marginalisés en leur donnant la parole et en défendant leurs droits.

Promouvoir l'inclusivité dans nos cercles sociaux

Nous pouvons agir individuellement en promouvant l'inclusivité dans nos cercles sociaux. Cela signifie établir des relations respectueuses et diversifiées, accueillir les différences, et être ouvert à apprendre des autres. En étendant notre cercle de compassion, nous contribuons à créer un environnement où chacun se sent valorisé et accepté.

Utiliser les médias et les réseaux sociaux de manière responsable

Dans l'ère numérique, chacun peut contribuer à la lutte contre les tabous en utilisant les médias et les réseaux sociaux de manière responsable. Cela implique de partager des informations précises, de promouvoir des messages positifs, et de ne pas participer à la diffusion de contenus stigmatisants. Les plateformes numériques peuvent être des outils puissants pour la sensibilisation et l'éducation.

S'engager dans des initiatives communautaires et des causes sociales

S'engager dans des initiatives communautaires et des causes sociales est une façon concrète de contribuer au changement. Que ce soit en participant à des campagnes de sensibilisation, en soutenant des organisations qui luttent contre les discriminations, ou en s'impliquant bénévolement, chacun peut apporter sa contribution unique à la construction d'un avenir inclusif.

En conclusion, l'action individuelle est une force transformante dans la déconstruction des tabous et la construction d'un avenir égalitaire. Chaque geste compte, qu'il soit grand ou petit, car il contribue à créer un environnement respectueux, tolérant et bienveillant. En unissant nos efforts, nous pouvons œuvrer ensemble vers un avenir où les tabous sociaux ne limitent plus le potentiel de chacun, mais où chaque individu peut vivre en harmonie, libre d'être authentiquement lui-même. L'action individuelle est le moteur de la transformation sociale, et c'est par nos actions collectives que nous façonnerons un monde meilleur pour tous.

L'engagement des institutions et de la société civile

Outre l'action individuelle, l'engagement des institutions et de la société civile est essentiel pour dépasser les tabous et créer un avenir inclusif. Ces acteurs jouent un rôle déterminant dans la promotion du changement social, en mettant en place des politiques, des programmes et des initiatives qui favorisent l'égalité et le respect des droits humains. Voici comment leur engagement peut contribuer à un avenir sans tabous :

Élaborer des politiques inclusives

Les institutions publiques ont un rôle clé dans l'élaboration de politiques inclusives et équitables. Cela implique de reconnaître les tabous sociaux et les discriminations existantes, et de prendre des mesures pour les éliminer. Des politiques visant à promouvoir la diversité, l'égalité des chances et la protection des droits de tous les individus sont essentielles pour construire une société juste.

Favoriser l'accès à l'éducation et à la sensibilisation

Les établissements d'enseignement et les organisations de la société civile ont un rôle crucial dans la sensibilisation aux tabous sociaux et aux enjeux liés à l'inclusion. En intégrant dans les programmes scolaires des sujets liés à la diversité, aux droits humains, et aux stéréotypes, nous éduquons les générations futures sur l'importance de l'égalité et du respect mutuel.

Créer des espaces de dialogue et d'échange

Les institutions et les organisations de la société civile peuvent créer des espaces de dialogue et d'échange où les tabous sociaux peuvent être discutés en toute ouverture et sans jugement. Ces forums de discussion permettent de briser les silences et de donner une voix aux groupes marginalisés, favorisant ainsi une meilleure compréhension et une plus grande empathie.

Soutenir les initiatives de sensibilisation

Les institutions et la société civile peuvent soutenir et encourager les initiatives de sensibilisation menées par des individus, des groupes communautaires ou des associations. Ces initiatives jouent un rôle essentiel dans la lutte contre les tabous sociaux en informant le public, en déconstruisant les stéréotypes et en mobilisant le soutien en faveur du changement social.

Promouvoir une culture d'inclusion et de respect

Enfin, les institutions et la société civile ont la responsabilité de promouvoir une culture d'inclusion et de respect au sein de la société. Cela implique de reconnaître et de célébrer la diversité, de rejeter toute forme de discrimination, et de créer un environnement où chacun se sent accepté et valorisé pour sa contribution unique.

En fin de compte, les tabous sociaux sont des produits de la culture et de l'histoire, mais ils ne sont pas immuables. En tant que société, nous avons le pouvoir de les remettre en question, de les transformer et de construire un avenir plus équitable, inclusif et progressiste. Cela demande de l'éducation, de l'ouverture d'esprit et un engagement envers le dialogue, mais les bénéfices d'une telle évolution sont inestimables. En surmontant les tabous, nous façonnons une société plus juste et compatissante pour les générations futures, l'engagement des institutions et de la société civile est un pilier essentiel dans la déconstruction des tabous et la construction d'un avenir inclusif. Leur action collective, combinée à l'engagement individuel, est une force puissante pour le changement social positif. En travaillant ensemble, nous pouvons créer une société où les tabous sociaux ne limitent plus le potentiel des individus, mais où chacun peut vivre authentiquement et contribuer pleinement à un monde respectueux, égalitaire et bienveillant pour tous.

Conclusion : Réflexions sur les tabous des sociétés

Ce voyage à travers les tabous sociaux a été un voyage riche en réflexions et en explorations. Dans ce chapitre, nous avons plongé au cœur de ces normes implicites qui guident nos vies, influencent nos interactions et parfois limitent nos horizons. Il est temps de faire un bilan des termes abordés, d'examiner les perspectives sur les tabous et de considérer l'avenir de notre société à la lumière de ces réflexions.

Tout d'abord, nous avons exploré une variété de tabous, des tabous politiques qui musellent la liberté d'expression aux tabous entourant la santé mentale qui créent une stigmatisation souvent destructrice. Les tabous culturels, qu'ils concernent la sexualité ou la classe sociale, ont été dévoilés et analysés. Les tabous dans les relations interpersonnelles, qu'il s'agisse de la famille, de l'amour ou de l'amitié, ont également été examinés en profondeur. Enfin, nous avons jeté un regard sur les tabous modernes et leur évolution dans un monde en constante mutation.

Les perspectives sur les tabous sont complexes. Nous avons vu comment ils peuvent à la fois protéger des valeurs importantes et créer des obstacles au progrès. Ils peuvent offrir un certain confort, mais en même temps, ils peuvent engendrer la discrimination, l'injustice et l'exclusion. Ces réflexions nous rappellent que les tabous sont le produit de la culture et de l'histoire, et qu'ils évoluent en fonction des pressions sociales, des mouvements de changement et des progrès technologiques.

Pour l'avenir, il est essentiel de garder à l'esprit le pouvoir de l'éducation. L'éducation peut jouer un rôle clé dans la remise en question des tabous en sensibilisant les individus aux questions entourant les tabous, en promouvant la tolérance, l'empathie et la diversité, et en enseignant la pensée critique pour permettre aux individus de remettre en question les croyances préconçues.

Il est également crucial de continuer à repenser les tabous pour une société plus ouverte et inclusive. En révisant les normes sociales, en adaptant les lois discriminatoires et en favorisant le dialogue ouvert et respectueux, nous pouvons contribuer à construire un avenir meilleur.

En somme, les tabous des sociétés sont à la fois des barrières et des opportunités. Ils nous rappellent notre passé, mais ils nous offrent aussi l'occasion de façonner un avenir plus équitable, ouvert et compatissant. En les questionnant, en les déconstruisant et en ouvrant des dialogues, nous contribuons à l'évolution de notre société vers un avenir meilleur, où les préjugés sont remplacés par la compréhension, où la stigmatisation cède la place à l'acceptation, et où l'injustice est remplacée par l'égalité. Notre capacité à dépasser les tabous est le chemin vers un monde plus humain et inclusif pour les générations à venir.

Perspectives sur l'avenir des tabous sociaux

Alors que les sociétés continuent d'évoluer et de s'adapter aux changements socioculturels, il est inévitable que les tabous sociaux connaissent également une transformation. Les perspectives sur l'avenir des tabous sont diverses, et elles sont façonnées par les progrès technologiques, les mouvements sociaux, les découvertes scientifiques et les aspirations pour une société plus ouverte et inclusive. Voici quelques points clés qui pourraient influencer l'avenir des tabous sociaux :

1. Évolution des normes sociales : Les normes sociales sont en constante évolution, et certaines interdictions autrefois considérées comme des tabous pourraient être progressivement

remises en question. Par exemple, la diversité des relations amoureuses et familiales pourrait être davantage acceptée, et des tabous liés à la sexualité et au genre pourraient s'atténuer.

2. Révolution numérique et accès à l'information : Avec l'avènement d'Internet et la diffusion rapide de l'information, les tabous pourraient être confrontés à un plus grand défi. Les individus ont désormais un accès facilité à des idées et des perspectives alternatives, ce qui peut encourager une remise en question des normes sociales établies.

3. Progrès scientifiques et médicaux : Les avancées dans les domaines de la santé et de la médecine pourraient remettre en question certains tabous liés à la maladie, à la mort et à la santé mentale. Une meilleure compréhension de ces sujets peut contribuer à atténuer la stigmatisation et à favoriser un dialogue plus ouvert.

4. Mouvements sociaux et défense des droits : Les mouvements sociaux continueront probablement à jouer un rôle essentiel dans la redéfinition des tabous. Les efforts pour promouvoir l'égalité des sexes, les droits LGBTQ+, l'inclusion des personnes handicapées et la décolonisation des mentalités pourraient conduire à un changement significatif des normes sociales.

5. Prise de conscience écologique : La sensibilisation croissante aux questions environnementales pourrait influencer les tabous culturels et alimentaires. Certaines pratiques traditionnelles pourraient être remises en question pour s'aligner sur des valeurs de durabilité et de préservation de l'environnement.

6. Mondialisation et diversité culturelle : Le monde devient de plus en plus interconnecté grâce à la mondialisation, ce qui

entraîne un échange culturel plus prononcé. Cette diversité culturelle peut remettre en question des tabous traditionnels et favoriser une compréhension plus nuancée des différences culturelles.

L'avenir des tabous sociaux est dynamique et en perpétuel changement. Les valeurs et les normes sociales évolueront au fil du temps, influencées par les avancées scientifiques, les mouvements sociaux, les progrès technologiques et la prise de conscience des enjeux sociaux et environnementaux. À mesure que les sociétés se rapprochent d'une ouverture d'esprit, de tolérance et d'inclusion, les tabous pourraient être remis en question et redéfinis pour refléter une compréhension plus éclairée de la complexité humaine. La quête d'un avenir meilleur et plus équitable continuera de guider ces changements, ouvrant la voie à une société plus juste et respectueuse pour les générations futures.

Also by Mombrun Theronome

Les tabous des sociétés
Comment connaître les femmes
Entre la beauté de la jeunesse Et la fraiyeur du vieillissement:
L'alimentation comme clé de la vitalité
Les Complexités de la Tromprie dans les relations HOMME -
FEMME
À la Rencontre des Conquérants des Records Sportifs